AF249957

DES

ÉTABLISSEMENTS D'ÉDUCATION

DE M. DE FELLENBERG

A HOFWYL

Imprimerie d'Amédée Gratiot et Ce, rue de la Monnaie, 11.

DES
ÉTABLISSEMENTS D'ÉDUCATION

DE M. DE FELLENBERG

A HOFWYL

ET

DE LEUR IMPORTANCE POUR LA SOLUTION DE LA QUESTION VITALE
DE LA CIVILISATION EUROPÉENNE

Par M. Le Dr HERMANN SCHEIDLER

PROFESSEUR A YÉNA

Traduction libre de l'allemand

PAR

EUGENE DE CAFFARELLI

MAITRE DES REQUÊTES

Paris

CHEZ L. HACHETTE

LIBRAIRE DE L'UNIVERSITÉ ROYALE DE FRANCE
RUE PIERRE-SARRAZIN, 12

1841

Un grand nombre de personnes, en France, ont entendu parler des établissements d'éducation créés par M. de Fellenberg, mais bien peu les connaissent ; bien peu soupçonnent, et beaucoup moins encore se sont donné la peine d'étudier les vues qui ont dirigé leur fondateur et d'en apprécier les conséquences.

Ẽt pourtant toutes les questions qu'il a déjà heureusement résolues sont à l'ordre du jour de nos discussions. L'auteur de cette traduction croit rendre service à son pays en essayant de faire connaître un ouvrage où les idées si heureusement mises en pratique à Hofwyl sont, pour la première fois peut-être, exposées dans tout leur ensemble d'une manière satisfaisante, quoique succincte. Il serait heureux s'il pouvait contribuer à les répandre, à les faire apprécier, et à venger ainsi le bienfaiteur de tous ceux qui lui ont été confiés, de la légèreté suffisante avec laquelle il est habituellement jugé parmi noüs. Puisse M. de Fellenberg voir dans cette tentative d'un de ses élèves la preuve et l'hommage d'une profonde reconnaissance!

E. C.

ÉTABLISSEMENTS D'ÉDUCATION

D'HOFWYL.

« On a déjà beaucoup parlé des établissements de
« M. de Fellenberg, dit Henri Zschokke, mais ils me
« semblent pourtant méconnus encore par quelques
« hommes graves, quoiqu'ils soient dignes de l'atten-
« tion publique, soit parce qu'ils tendent toujours à se
« perfectionner, soit parce qu'ils reçoivent de nom-
« breux élèves de tous les pays, soit enfin parce qu'en
« plusieurs lieux on a cherché à en imiter quelques
« parties. Ce qu'ils ont de remarquable, de spécial,
« c'est moins l'excellence de telle ou telle des institu-
« tions qui les composent, considérée isolément, que le
« charme secret au moyen duquel elles agissent les
« unes sur les autres, s'enchaînent, se fortifient mu-

« tuellement et concourent toutes au même but. Mais
« c'est là ce qu'il est difficile de dire et ce qu'on saisit
« mieux et plus rapidement par un examen person-
« nel. J'appellerais volontiers Hofwyl une république
« complète d'éducation (erziehungs staat), dont chaque
« membre, le journalier comme le bourgeois et le gen-
« tilhomme, apprend à ennoblir la position qu'il a
« reçue du sort, s'élève en voyant les autres et s'ef-
« force de devenir le meilleur et le plus apte possible
« dans la limite de ses facultés et dans la sphère où la
« société l'a placé. Sur une échelle réduite M. de
« Fellenberg a réuni dans ses établissements l'école et
« le monde, la vie de famille et la vie publique, pour
« que rien ne manque à son système d'éducation, et il
« a su en écarter tout ce qui peut influer d'une manière
« fâcheuse sur les jeunes esprits. »

Nous nous sommes proposé d'expliquer l'idée et la
tendance des établissements d'Hofwyl, et surtout leur
immense importance relativement à la question vitale
de la civilisation européenne. Mais, pour le faire avec
toute la clarté désirable, il est nécessaire que notre

essai soit précédé de quelques observations générales, historiques et politiques , relatives à l'état inquiétant de notre civilisation. Ce fait de l'existence d'un danger réel et menaçant pour les intérêts et pour la marche de l'humanité civilisée, malheureusement trop bien prouvé par l'accroissement constant du paupérisme et par l'absence d'un lien moral assez fort pour réunir toutes les parties de la société, est le point dont nous partons ici. Une fois ce fait admis, le devoir le plus important, le plus pressant pour le présent, est ou de découvrir des moyens convenables et suffisants, soit pour combattre les maux qui nous affligent, soit pour y remédier ; ou bien de rechercher, d'apprécier et d'appliquer ceux qui ont déjà été découverts. Ce qu'il y a de bien certain, ce que l'expérience a prouvé, c'est que la route suivie jusqu'à présent est loin de nous rapprocher beaucoup du but véritable de la vie sociale; c'est que toutes les mesures prises par les états pour améliorer le sort du peuple ou pour l'éclairer, ont toujours été insuffisantes; c'est qu'enfin il faut changer de voie pour ne pas s'éloigner encore davantage du but.

Comme de raison, il ne s'agit pas ici de s'arrêter à tous les projets qui ont été formés ou essayés pour y parvenir ; nous ne devons avoir égard qu'à ceux qui ont subi et soutenu l'épreuve de l'expérience, repoussant tout ce qui a le caractère de l'utopie. En effet, n'est-ce pas un nouveau symptôme de l'état dangereux de notre civilisation, que ces dépenses prodigieuses de temps et de forces qui se font journellement pour la réalisation de projets chimériques d'amélioration universelle et de félicité générale, projets dont le vide et l'impossibilité sont manifestes, et qui pourtant ne laissent pas de trouver de l'écho ? On ne peut s'expliquer leur succès que parce qu'ils flattent l'esprit de notre époque en lui promettant de procurer des jouissances et de diminuer le travail, deux choses qu'il paraît ambitionner au-delà de toute expression. Citons seulement, en passant, les phalanstères de Fourier, les scandales du saint-simonisme, les utopies immorales en principe du missionnaire politique Robert Owen, phénomènes qui n'ont aucune importance pratique et qui ne font, à vrai dire, que révéler la faiblesse de la base morale de nos sociétés et montrer combien il importe de la raffermir.

Il est clair encore qu'il n'y a pas de salut à attendre
de remèdes qui ne s'adresseraient qu'aux apparences,
à la forme des maux de notre civilisation ou à quelques-
uns des signes isolés qui les décèlent; qu'il n'y a, en
un mot, rien de bon à espérer de demi-mesures , de
palliatifs, ni d'aucun de ces remèdes qui, ne faisant
qu'éloigner momentanément les symptômes extérieurs
de la maladie, la laissent maîtresse au dedans et la
forcent à se rejeter sur les parties nobles.

Enfin, par la nature des choses, on ne peut se flatter
de remédier au mal avec fruit, qu'en ayant égard à
l'état de choses existant. C'est là un principe que l'histoire des révolutions modernes a démontré jusqu'à l'é-
vidence.

Les établissements d'Hofwyl satisfont à toutes les
conditions que nous venons d'énumérer. Formant un
tout organique, capable de résister avec succès et sur
tous les points aux maux de notre civilisation et
de les attaquer jusque dans la racine par le développement d'un système complet d'éducation qui
comprend tous les rapports, tous les intérêts, ils ont

montré et ouvert la voie qu'il faut suivre pour parvenir à la cure radicale de ces maux. Et quand on parle de ces établissements, il n'est pas simplement question de conceptions hasardées, d'un idéal inexécutable ; mais bien de faits éprouvés par une expérience de plusieurs années tant à Hofwyl même qu'ailleurs, d'un ensemble dont toutes les dispositions et le mouvement sont combinés de manière à ne point ruiner ce qui est debout et à satisfaire aux exigences de l'époque en tant qu'elles vont droit au but réel de l'humanité.

Pour bien comprendre ce que ces établissements ont de particulier, il est bon de jeter un coup d'œil sur la période qui a précédé leur fondation et sur les essais les plus remarquables qui, antérieurement à ceux de M. de Fellenberg, ont été faits pour combattre l'invasion du mal. Nous n'avons besoin, pour cela, que de remonter à la seconde moitié du siècle dernier, car ce n'est qu'alors qu'il a été clairement reconnu et qu'on en a recherché les causes et les remèdes.

On peut regarder comme généralement admis que c'est à Jean-Jacques Rousseau qu'appartient la gloire d'avoir, le premier, décrit avec une éloquence entraînante les vices et les maux de la civilisation européenne, et d'avoir montré l'influence désastreuse qu'exerçaient sur elle la démoralisation des classes élevées et la fausse route suivie par les savants, qui ne s'attachaient plus qu'à former le raisonnement et à faire briller l'intelligence de leurs adeptes. A Rousseau revient l'honneur d'avoir mis en évidence le remède le plus actif de ces écarts et d'en avoir fait l'objet de l'attention générale. Mais, d'un autre côté, on ne peut nier que, par suite de sa manière de voir fausse et maladive, il ne soit tombé dans un autre extrême, en étant venu à considérer toute civilisation comme un mal et l'homme comme destiné uniquement à une vie isolée et physique ou végétative. Aussi n'eut-il égard ni à l'état politique, ni au principe social existant, ni même au lien puissant du christianisme; et il ne contribua pas peu, comme son prédécesseur Locke, à introduire dans l'éducation le triste principe de l'utilité. Malheureusement les erreurs du philosophe de Genève portèrent plus de fruits que les vérités proclamées par lui; cet effet fut remarquable surtout en Allemagne, où la réforme qu'il avait provoquée prit racine et se développa rapidement. A l'appui de cette assertion, il suffit de rappeler ici les vues et les essais philanthropiques de Basedow, de Campe, de Salzmann, auxquels on ne peut certainement contester le mérite d'une réaction énergique contre le système qui se bornait à l'étude exclusive des langues anciennes, et du bien qu'ils ont fait en poussant vers l'étude de la langue maternelle, des mathématiques et des sciences naturelles. Mais ils n'en sont pas moins tombés dans les travers de Rousseau et en ont fait une application désastreuse. Ainsi, ils se sont efforcés de faire de l'éducation une affaire particulière, et, autant que possible, d'en exclure l'état ; ils ont mis toute la faiblesse du cosmopolitisme à la place du patriotisme énergique ; ils n'ont eu égard ni au présent ni au passé, et ont méconnu au plus haut degré et souvent même attaqué directement la base de toute notre existence politique et sociale, le christianisme.

Les établissements de ces philanthropes n'étaient destinés qu'à donner une éducation facile et convenable aux classes élevées. Quant au peuple, hormis les tentatives de Rochow et l'institution des séminaires de maîtres d'école fondés par quelques gouvernements, on peut dire que rien ne fut fait pour lui. Pourtant le besoin de réparer cet oubli coupable se faisait sentir d'autant plus que les tristes effets de l'influence démoralisatrice des classes supérieures sur les classes inférieures devenaient plus frappants, et que ces dernières, par la chute des corporations et des institutions qui avaient jusque-là garanti leurs droits, se trouvaient opprimées politiquement de la manière la plus violente. Ce fut alors que dans le pays et chez le peuple qui, au moyen âge, avait rompu le premier la chaîne de la féodalité, et qui pendant cinq siècles avait su conserver une constitution libre au milieu des gouvernements despotiques de l'Europe, s'éleva l'homme que la providence avait destiné à combler cette lacune, ou plutôt à faire sentir à ses concitoyens la nécessité de la faire disparaître. Cet homme fut Henri Pestalozzi. En ce moment nous ne considérerons pas en lui l'inventeur d'une nouvelle méthode pédagogique ; nous ne chercherons à apprécier que son mérite et les efforts auxquels il s'est livré pour améliorer le peuple et combattre les maux de notre civilisation.

Doué d'une imagination vive, animé d'un amour

chaleureux de l'humanité et du sentiment de ses droits, pénétré de compassion pour le malheureux et l'opprimé, il s'était imposé la tâche de combattre l'injustice à laquelle ses semblables étaient en proie. Préoccupé de cette idée dès les bancs de l'école, il avait abandonné la philosophie et la théologie pour la jurisprudence ; il avait aussi commencé à s'essayer comme écrivain par une traduction des harangues de Démosthènes, et par un traité sur la constitution lacédémonienne. Mais l'excès de son zèle dans la lutte contre les abus et pour la défense des malheureux lui attira la haine des hommes puissants, et lui ferma l'accès des emplois publics. Il fallut chercher une autre carrière. L'*Emile* de Rousseau, qui venait de paraître, le décida pour celle de l'éducation, où il était appelé à jouer un rôle si important. Nous ne pouvons ici dire en détail comment, pendant le cours d'une vie longue et agitée, il travailla à réaliser ses idées, soit par ses établissements successifs de Neuhof, de Stanz, de Burgdorf, de Munchen Buchsée et d'Yverdun, soit par ses écrits et surtout par son célèbre ouvrage populaire *Léonard et Gertrude*, qui, bien qu'accueilli avec faveur, ne fut cependant pas parfaitement compris. Remarquons seulement que

Rousseau, ainsi que nous venons de l'indiquer, eut une grande influence sur la direction de ses travaux. C'est à cette influence qu'il faut attribuer son aversion pour les savants et pour la science ; ainsi s'explique comment il se fit que, bien qu'il eût des sentiments véritablement chrétiens, il ne donna pas au christianisme dans ses institutions la place qui lui appartient. Il est impossible encore de nier que son défaut de connaissance du monde et d'entente des détails a fait manquer tous ses essais pratiques ; mais il n'en est pas moins vrai que par la force, la plénitude et la profondeur de son esprit, par son amour de l'humanité, qui ne reculait devant aucun sacrifice, par son enthousiasme pour sa perfectibilité qu'aucun revers ne pouvait ébranler, il appartient aux hommes les plus distingués de notre époque. Il a puissamment agi, et son action se continuera encore avec le plus grand fruit, par l'impulsion due aux améliorations qu'il a introduites dans les méthodes de l'enseignement élémentaire.

Ceci est vrai surtout en ce sens, que ses idées sur l'éducation en général, considérée comme moyen de conduire l'homme à sa haute destinée et d'améliorer le peuple, ont été, plus tard, comprises, développées, fécondées dans toute leur puissance, et ce qui est plus important, que l'expérience qui en a été faite par M. de Fellenberg, dont le nom est inséparable du sien, a prouvé tout à la fois leur justesse et la possibilité de leur exécution. Les établissements toujours florissants de ce dernier sont la preuve la plus consolante et la plus forte de cette vérité, que le dévouement, quand il est consacré à une si noble cause et accompagné de la sagesse, du talent nécessaire, et surtout de la conviction religieuse d'une autre vie, doit assurer même à celle-ci d'inappréciables bienfaits ; ils mettent hors de doute que la lutte contre les dangers et les maux de la civilisation doit, en définitive, conduire à la victoire, à condition qu'engagée avec courage elle sera soutenue avec persévérance, en dépit de la mollesse et de l'acharnement des mauvaises passions. Aussitôt qu'un pareil avantage, quelque faible qu'il soit, est remporté sur un point quelconque du champ de bataille, on a trouvé ce point d'appui d'Archimède au moyen duquel on peut faire rentrer l'humanité dans la voie que lui a tracée son créateur. On le peut, au moyen d'une éducation

nationale qui embrasse tout à la fois et d'une manière
organique la culture morale, religieuse, intellectuelle,
physique et industrielle de toutes les classes de la société. Or, aujourd'hui, nous le répétons, il ne s'agit
plus de soumettre au monde des projets d'amélioration
sur le papier, mais de prouver par un fait, par une
expérience propre à étouffer tous les doutes, que l'on
a réussi sur une grande échelle à opposer une digue
aux dangers qui menacent la civilisation, qu'on a ouvert une source d'où peuvent découler sans relâche
tous les bienfaits d'une éducation populaire améliorée.

L'existence des établissements d'Hofwyl offre le type
de la véritable éducation. Ce n'est pas une création
locale, un institut ordinaire d'éducation, une ferme
expérimentale qu'il faut y chercher. « Il faut y voir,
« comme l'a dit avec tant de justesse M. de Gérando,
« l'essai d'une grande amélioration européenne, un
« exemple tenté et donné pour préparer une régéné-
« ration morale dans notre âge. Son auteur a juste-
« ment conçu que, de même que l'éducation indivi-
« duelle est pour chaque particulier la première
« affaire de la vie et l'affaire de toute la vie, l'intérêt

« des mœurs est pour la société entière le premier inté-
« rêt, celui qui embrasse tous les autres, celui duquel
« dépendent même toutes les vraies causes de prospé-
« rité, et que c'est par l'éducation des diverses classes
« sociales que doit être opérée l'amélioration des mœurs
« et la régénération des caractères. »

Pour mieux faire comprendre l'idée qui a présidé à la fondation des établissements d'Hofwyl, nous allons donner quelques notions sur la vie de leur fondateur. Nous le ferons avec d'autant plus de raison que tout ce qui a été publié sur son compte est fort incomplet ou entièrement erroné.

Philippe-Emmanuel de Fellenberg, né à Berne à la fin de juin 1771, est issu d'une des anciennes familles patriciennes de cette ville. Son père, d'abord professenr de droit, puis membre du conseil souverain bernois, bailli de Wildenstein en Argovie, puis enfin sénateur à Berne, était un homme aussi distingué par son esprit et par son savoir que par son caractère. Sa mère était petite-fille et arrière-petite-fille des célèbres amiraux hollandais Cornélius et Martin Haarpertzoon van

Tromp. Tous deux, par leurs préceptes et par leurs exemples, eurent une grande influence sur leur fils et sur le besoin qu'il contracta de bonne heure de se dévouer aux intérêts les plus chers et les plus élevés de la patrie et de l'humanité. Il eut pour maîtres, dans sa jeunesse, Rengger, homme distingué par son savoir et par ses fonctions de ministre de l'intérieur du gouvernement central helvétique ; et Lereche, qui fut par la suite professeur de théologie à Lausanne. Pour avancer dans les sciences il fut confié à Pfeffel qui avait établi à Colmar une institution célèbre alors sous le nom d'école militaire. Il fut ensuite à Genève, et se rendit enfin, en 1789, à l'université de Tubingue. Après s'y être adonné à l'étude de la jurisprudence sous la direction du célèbre Hofacker, il s'appliqua à celle des sciences philosophiques et politiques. Rentré dans sa patrie, il consacra d'abord la plus grande partie de son temps à la littérature classique et à la philosophie de Kant, qui eut une influence très marquée sur sa manière de voir en général, et particulièrement sur ses principes pédagogiques. On ne le vit pas suivre la route ordinaire des emplois publics, mais au contraire, soit u'il ait cédé à l'influence de son père ou à celle de

I

2

Pestalozzi, avec lequel il était en relation depuis quelque temps, soit que ses observations personnelles ou la
la marche des événements en aient ainsi décidé; il fut
amené à l'idée que pour réformer l'état il faut avant
tout refaire l'instruction du peuple et son éducation.
Les voyages nombreux qu'il fit pendant plusieurs années de suite dans la Suisse, dans le Tyrol, dans le midi
de l'Allemagne, et à Paris en 1795, ne firent que fortifier sa conviction.

En revenant de France il recommença ses voyages,
donnant presque toute son attention à l'étude pratique
de l'agriculture. Du reste, il persista à se tenir éloigné
du service public jusqu'en 1798, époque où les efforts
du directoire pour révolutionner la Suisse le forcèrent
à prendre une part active aux événements politiques.
Comme officier de chasseurs bernois, chargé des levées
en masse du canton de Lucerne, dans l'Entlibuch, il fit
preuve de tant de zèle pour l'indépendance de son
pays que sa tête fut mise à prix par le commissaire
français Mingaud et qu'il fut forcé de se réfugier pendant quelque temps à l'étranger. Plus tard, étant com-
mandant de quartier des districts supérieurs du canton

de Berne, il administra avec autant de zèle que de talent dans l'intérêt du peuple. Vers la fin de 1798 il porta de la part des Bernois aux habitants de l'Unterwald, ruinés par la guerre, des secours considérables en argent, en vivres et effets de toute sorte. Peu de temps après, le gouvernement helvétique le chargea d'une mission délicate à Paris, et ce fut alors, après ses dernières discussions avec Rewbel et Rapinat, qu'il arrêta le plan auquel il a consacré son existence et sa fortune.

A son retour de Paris, en 1799, il acheta à cet effet le domaine d'Hofwyl [1] qu'il devait honorer à jamais par ses établissements. A partir de cette époque sa vie a été consacrée en entier au grand et noble travail de l'éducation. Soutenu par sa nombreuse famille, il s'y est dévoué depuis quarante ans sans relâche, de toutes ses force set de tous ses moyens. Mais des vues si dignes, indiquées et poursuivies avec tant de constance, n'ont pu l'empêcher d'être en butte dans sa patrie aux soup-

[1] Hofwyl est situé à 3 lieues au nord de Berne; sa superficie est de 140 hectares environ.

çons d'une aristocratie ombrageuse qui n'a cherché qu'à entraver ses efforts pour le bien du peuple, puis récemment aux accusations injustes du parti ultra-démocratique et de ses organes. Les difficultés et la violence ne l'ont pas plus abattu que son précurseur Pestalozzi. Loin de l'arrêter elles n'ont fait qu'accroître sa force et son courage. Après la régénération de la Suisse en 1830, rentré un instant dans la vie publique, il a été nommé membre du conseil de constitution, membre du grand-conseil, et enfin, en 1833, avoyer de la république. Mais il n'a pas tardé à se démettre de ces éminentes fonctions, et depuis lors il a repris entièrement et exclusivement l'œuvre de toute sa vie.

Ce n'est pas ici le lieu de parler de toute la peine qu'on a prise pour arrêter les améliorations dont il a cherché à doter le système des écoles élémentaires de son pays, et comment on est parvenu à faire repousser sa proposition de donner ses établissements au gouvernement bernois et d'en assurer ainsi la conservation et l'action pour l'avenir. Nous y reviendrons plus tard.

Cherchons à exposer en peu de mots les idées et les

principes de M. de Fellenberg. Cette connaissance nous est nécessaire pour comprendre et pour juger ses fondations. Celles-ci n'ont pas, comme d'autres instituts, uniquement la tendance de donner aux élèves qui s'y trouvent l'avantage d'une meilleure méthode d'éducation et d'instruction. Dès l'origine elles ont été combinées pour combattre les vices généraux de la civilisation de notre époque et pour offrir l'exemple d'un système éprouvé, qui puisse embrasser dans son ensemble et atteindre dans ses détails toutes les classes de la société. Le point de départ de M. de Fellenberg fut une étude et une connaissance parfaites de l'existence et des causes de ces vices. Il y joignit la forte et religieuse conviction que l'homme, s'il déploie et perfectionne ses ressources, doit pouvoir satisfaire les besoins de moralité et de bonheur dont Dieu lui a donné le germe; qu'il le peut, mais à condition que, quelle que soit la classe de la société à laquelle il appartient, une éducation convenable aura cultivé ses facultés sous les rapports moraux, religieux, intellectuels et industriels. Il croit à la perfectibilité incessante de l'humanité : tout être humain étant créé à l'image de Dieu, il ne faut jamais désespérer de le développer,

quelque méconnaissable qu'il soit devenu par les mal-
heurs de sa position et surtout par les lacunes et les
vices de son éducation. Les sens ne sont pas pour
l'homme un don funeste : il ne faut pas les tuer comme
le veulent certains mystiques. Au contraire, M. de Fellenberg croit qu'ayant été créés et nous ayant été
donnés par Dieu, ils nous sont nécessaires pour dé-
ployer notre force morale dans toute son étendue et
pour l'élever à toute sa hauteur par les luttes qu'ils
provoquent. Mais surtout il ne peut admettre que le
travail soit un malheur ; il le considère plutôt comme
une bénédiction et comme un instrument puissant de
moralité. M. de Fellenberg est encore profondément
convaincu que l'état actuel des choses étant l'expression transitoire de la volonté créatrice et régulatrice de
la Providence, il faut y avoir convenablement égard.
C'est en ce point que son système d'éducation diffère
complétement de tous ceux qui l'ont précédé. En effet,
Rousseau, les philanthropes, Pestalozzi, Fichte, ont ou
dédaigné ou apprécié d'une manière tout à fait insuffi-
sante l'organisation civile et religieuse de leur époque.
M. de Fellenberg, au contraire, peut être considéré à
uste titre comme le créateur de la véritable éducation

nationale pratique, puisant ses inspirations dans son plus haut domaine, ne négligeant jamais les choses de la terre et s'exerçant toujours en vue des intérêts humains. Prenant le présent pour point de départ, son système s'applique à toutes les classes de la société et les élève pour les besoins de l'état. Il réalise, mais à un degré plus élevé, ce que l'antiquité, Lycurgue, Pythagore, Platon, Aristote avaient attendu d'une éducation nationale. Et pourquoi s'en étonner? Cette grande idée ne pouvait être fécondée dans toute sa puissance et développée dans toute son étendue que par le christianisme. C'est là ce qu'a fait M. de Fellenberg, déclarant positivement que le christianisme est la base de son système, le point de départ de tous ses efforts.

Il ne faut pas croire cependant que, tout en ne perdant jamais de vue les rapports intimes de l'éducation avec l'état, il soit tombé dans l'antique erreur dont Fichte[1] s'est rendu récemment coupable en ne voulant que l'éducation publique. Souvent, il est vrai, on lui a reproché de méconnaître la valeur de l'édu-

[1] Fichte va jusqu'à reconnaître à l'état le droit d'enlever les enfants aux familles pour leur donner l'éducation publique.

cation domestique, mais ce reproche n'est pas fondé, car il a fréquemment exprimé le cas qu'il fait de cette éducation. Il a même déclaré positivement qu'il ne regarde les établissements publics comme utiles qu'autant qu'ils conservent, dans les limites du possible, les avantages de la vie de famille, et qu'il ne les tient pour tout à fait indispensables qu'à l'égard des enfants qui, dans des circonstances données, ne peuvent obtenir une bonne éducation domestique. On commettrait encore une grande erreur, si l'on concluait du respect scrupuleux qu'il professe pour l'état de choses existant, qu'il est un partisan aveugle du système d'immobilité, ou que l'éducation n'a, dans ses idées, d'autre fin que de pourvoir à la pratique de la vie civile. Son but est d'arriver au développement et au perfectionnement graduel et successif de ce qui existe. Jamais il n'oublie ou ne néglige son idéal de la vie de l'homme, et cet idéal n'est pas la chimère d'une imagination échauffée ; il est raisonnable à l'homme d'aspirer à l'atteindre.

Bien qu'il apprécie dans toute son étendue l'importance de la science et son influence sur la vie, il ne s'attache qu'à celles des théories qui ont été éprouvées par la pratique. Sachant d'ailleurs que toutes les idées abstraites et les systèmes ne sont jamais l'expression parfaitement exacte de la vérité concrète, il ne veut ni attendre complète satisfaction ni même entendre parler d'une méthode unique et infaillible. Sa première règle de conduite est d'avoir égard à l'individualité de ses élèves. Partant de ce principe, que la providence indique la destination d'un enfant par les facultés dont elle l'a pourvu, il pense que l'éducateur ne doit pas avoir l'audace de changer, d'après ses vues étroites et bornées, ce que le Créateur a établi dans sa suprême sagesse. C'est là une vérité qui malheureusement est tout à fait méconnue dans notre système d'écoles d'éducation et d'instruction, et pourtant elle mérite toute l'attention de l'état. Élever un enfant, c'est, selon M. de Fellenberg, lui apprendre à se former, à développer librement son individualité en la faisant sortir de lui-même par l'action harmonique de ses facultés. L'excitation et la direction convenable de l'activité personnelle de l'élève est donc le point capital comme aussi la seule garantie du véritable succès de toute éducation. Et en effet, il est dans notre nature

de ne faire véritablement cas et de ne travailler sé-
rieusement au développement que de ce qui a été
conquis par nos propres efforts; au contraire, ce qui
ne nous arrive que du dehors a bientôt disparu sans
laisser de traces. Toutes les méthodes d'enseigner en
amusant, dont au reste l'absurdité est depuis longtemps démontrée, sont bannies d'Hofwyl; mais de
plus, *l'instruction* n'y est considérée que comme
partie subordonnée de *l'éducation*. Nous ajoute-
rons d'ailleurs que toutes les améliorations réelles des
méthodes d'éducation ou d'instruction sont adoptées
à Hofwyl, et que l'expérience acquise dans l'établissement, depuis trente ans, en a fait découvrir plus
d'une.

Il faut dire comment, à Hofwyl, on tient compte
des bases physiques et économiques de la vie sociale.
M. de Fellenberg a constamment en vue les intérêts
de l'humanité. Il se propose en tout de perfectionner l'individu et la famille, la famille et la société, de frayer la voie qui mène le plus sûrement à
ce noble but. Envisageant les maux d'une civilisation
mal entendue, il en a trouvé la cause principale dans

la décadence des mœurs et dans l'appauvrissement qui
est lui-même une source de démoralisation. De même
que Pestalozzi l'avait déjà entrevu, il regarde comme
nécessaire non seulement d'améliorer l'instruction élémentaire du peuple, mais encore et surtout de lui procurer une bonne éducation. Il cherche à y parvenir en
favorisant (fordern) en lui le développement de la vie
religieuse, morale et économique. Ce développement,
il l'obtient par le travail auquel les classes qui n'ont pas
d'autre capital sont astreintes, ne fût-ce que pour
pourvoir à leur subsistance. M. de Fellenberg a reconnu l'immense importance du travail et d'une bonne
administration de fortune : le premier il a su faire à
l'un et à l'autre, dans ses établissements, la place qui
leur est légitimement due. Sous ce rapport les désastres
réitérés de Pestalozzi furent pour lui un avertissement
et un exemple des plus utiles, ainsi qu'il l'a reconnu lui-
même ; ils fortifièrent de plus en plus sa conviction
que l'indépendance de fortune est un des meilleurs éléments de succès dans la solution du problème qu'il s'é-
tait posé. Ainsi s'explique comment la richesse de sa
position personnelle le confirma dans la vocation qu'il
avait librement recherchée, et pourquoi il s'est toujours

attaché à l'améliorer. C'était d'elle, en effet, que dépendait l'accomplissement des devoirs qu'il s'était faits. Peut-être quelques personnes appelleront-elles cela de l'égoïsme : un pareil genre d'égoïsme est non seulement excusable, mais digne d'éloge.

Ces observations suffiront pour indiquer d'une manière générale le point de vue où l'on doit se placer pour saisir et apprécier sainement les idées qui ont présidé à la fondation des établissements d'Hofwyl. Nous allons maintenant expliquer en peu de mots leur réalisation et leurs développements successifs, comme aussi l'enchaînement organique des diverses parties de cet ensemble.

M. de Fellenberg, en étudiant l'état de la société civile, crut s'apercevoir que les classes intermédiaires avaient conservé plus de force, s'étaient moins corrompues, possédaient plus de vertus domestiques et étaient mieux pourvues de moyens d'éducation que les deux points extrêmes. Il pensa donc que les bienfaits d'une éducation perfectionnée leur étaient moins nécessaires qu'aux classes inférieures et aux classes élevées. Quant aux premières, il crut qu'on pourrait les arracher à l'immoralité, à l'abrutissement et au paupérisme, si on les mettait à même de développer dans la mesure convenable à leur position les facultés de leur intelligence et leurs sentiments moraux et religieux, par une éducation disposée et combinée de telle sorte que le travail des enfants pût compenser, en grande partie du moins, les frais de leur entretien. Mais il fallait aussi qu'une éducation complète, intellectuelle et morale, donnée aux enfants des classes riches et influentes, préparât à l'état une pépinière de citoyens généreux, qui, pénétrés du sentiment de la haute destinée de l'humanité, et en possession de moyens suffisants pour réaliser leurs idées, missent leur bonheur à contribuer à l'amélioration du peuple. Il fallait que les deux extrèmes de la société ne fussent plus séparés comme jusqu'alors par un abîme inaccessible, mais qu'ils apprissent à se connaître et à s'estimer réciproquement. Il fallait que riches et pauvres, également unis par le sentiment chrétien, comprissent leurs devoirs et sentissent le prix et le bonheur d'une existence honorablement remplie. Il fallait en même temps que les pauvres, tout en apprenant à se soutenir par eux-mêmes au moyen de leur travail, et en voyant combien leur est indispensable la coopération de ceux qui possèdent les capitaux et utilisent leurs propriétés au profit de tous, apprissent aussi à s'apprécier avec plus de justesse et à regarder l'éclat extérieur des riches autrement qu'avec des yeux jaloux. Il fallait que les deux classes, se considérant comme les parties nécessaires d'un même tout, en vinssent à s'estimer, à s'aimer et à travailler de concert à l'œuvre chrétienne d'établir le royaume de Dieu sur la terre.

Pour atteindre ce but et assurer, par cette synergie, la base actuelle de l'économie sociale, il n'existe pas de meilleur moyen (c'est de l'Europe continentale que nous parlons) que de former un établissement agricole d'éducation et d'instruction, d'abord pour ceux qui, en leur qualité de futurs propriétaires, forment la classe la plus importante et la plus influente de la société ; de réunir cet établissement à une école agricole de pauvres, destinée à donner, aux enfants même les plus abandonnés et les plus misérables, la possibilité de gagner leur vie et d'être contents de leur sort ; de les enlever ainsi aux prisons et aux bagnes

et de les empêcher de devenir de dangereux ennemis
de la société. On ne peut nier qu'il soit de la plus
grande utilité de diriger le peuple, c'est-à-dire la majorité des hommes, qui est forcé d'employer ses facultés à se soutenir, de telle sorte qu'il suive sa carrière
avec amour et plaisir, et qu'il ne laisse pas son intelligence s'éteindre sous le fardeau de la vie matérielle.
Et, en effet, comment, sans cela, songer au développement du sentiment moral ou religieux?

Ainsi s'explique comment M. de Fellenberg fut
amené à fonder une agriculture modèle, une ferme
expérimentale sur la propriété d'Hofwyl qui convenait
d'autant mieux à son but qu'elle avait été excessive-
ment négligée et épuisée par une mauvaise administration de trente années. Il y appliqua les méthodes
et y introduisit toutes les améliorations que ses vues
personnelles et ses nombreuses observations lui suggé-
raient, et il les fit connaître par des fêtes agricoles. Son
école de culture suivit immédiatement cette création,
puis l'établissement d'éducation pour les classes élevées, puis enfin celui d'agriculture pour les pauvres.
Une fois qu'il eut ainsi pourvu aux besoins des deux

points extrêmes de la société, une fondation intermédiaire, une école normale pour les instituteurs primaires et une école de filles pauvres, complétèrent cette belle conception et formèrent un système d'éducation parfait, mais malheureusement encore unique. Tâchons maintenant d'en étudier une à une les différentes parties, autant qu'il est nécessaire pour arriver au but que nous avons en vue.

Ce n'est pas ici le lieu de parler en détail des établissements agronomiques de M. de Fellenberg, et de rappeler les immenses services qu'il a rendus à la science de l'agriculture et à l'agriculture pratique. Nombre d'auteurs s'étant chargés de le faire, nous renvoyons à leurs écrits. Bornons-nous à faire remarquer que dans le travail de la terre et dans sa manière de le coordonner, il ne se propose pas exclusivement l'augmentation du produit net, mais qu'il a toujours en vue le bien général et qu'il cherche à l'obtenir en formant et en éclairant l'agriculture. Aussi a-t-il été fréquemment conduit, dans la partie expérimentale de sa culture, à faire des essais difficiles et coûteux qu'on a trop confondus avec son agriculture-modèle ; plus souvent en-

core on a méconnu les rapports élevés des lois et des
applications de cette science avec les plus grands intérêts sociaux. Ceux-là surtout l'ont fait, qui n'y voient
que l'exploitation de la matière et qui n'en mesurent
les résultats qu'à l'échelle du produit net. Au reste, il
est constant que même sous ce rapport, le revenu net
d'Hofwyl a quadruplé et que le revenu brut a été sex-
tuplé. C'est ainsi que M. de Fellenberg a démontré
que la pratique de l'agriculture est susceptible d'immenses perfectionnements, qu'en la dirigeant rationnellement on n'a nullement à craindre l'excès de la population, qu'elle est la base la plus solide du bien-être du
peuple, de l'existence politique et de la prospérité du
pays. Pénétré de cette idée, il l'a, dès l'origine de ses
établissements, considérée comme le moyen le plus
essentiel de parvenir à la culture de la nation ; moyen
qui, combiné avec le développement du sentiment moral et religieux, et avec celui de l'activité industrielle,
peut seul assurer le salut et l'indépendance de l'état.
Dans sa profonde conviction il n'a cessé, depuis lors,
d'exciter l'attention de ses concitoyens et de les engager à ne point laisser échapper l'occasion que la providence leur a présentée d'introduire, dans l'adminis-

tration de la république de Berne, les améliorations dont une expérience en grand de trente années consécutives a montré la bonté et l'efficacité, et de donner ainsi à tous les peuples un exemple digne de leur admiration.

Mais l'agriculture d'Hofwyl s'est montrée rationnelle sous d'autres rapports encore et plus élevés, en ce qu'elle tend à porter au plus haut degré l'attribut distinctif de l'homme, la raison considérée comme instrument de perfectionnement moral, comme faculté de former et de saisir un idéal et de le réaliser dans le monde sensible par le développement intellectuel, esthétique, moral et religieux de l'individu. Elle favorise ainsi les intérêts puissants de la grande famille humaine et de la civilisation dont elle doit chaque jour multiplier les fruits. M. de Fellenberg a le mérite d'avoir montré le premier, en paroles et en action, à quel point une agriculture perfectionnée peut non seulement se rattacher intimement à la plus haute culture de l'esprit, mais encore la favoriser plus qu'aucune autre occupation. La pratique de l'agriculture exerce en effet l'esprit d'observation, de combinaison, de comparaison;

lle fortifie la volonté par la promptitude et la justesse

'elle exige dans les décisions, l'énergie par la persévérance qu'il faut apporter pour surmonter les obstacles ;
mais surtout elle élève l'âme en tenant toujours éveillés
soit le sentiment de la beauté et de la grandeur de la
nature, soit la conscience de la direction toute puissante de la Providence.

Cette carrière offre en même temps à chaque individualité le champ nécessaire à son développement.
L'homme doué des plus hautes facultés trouve l'occasion de les exercer sans relâche dans ses inventions,
améliorations et combinaisons infinies, et celui qui en a
moins peut encore les employer utilement dans sa
sphère. La moindre occupation agricole exige de l'attention et de la réflexion ; et d'ailleurs, la grandeur du
théâtre fait peu de chose ici. Traitée rationnellement,
la plus petite propriété peut occuper son maître aussi
complétement que la plus grande. La vie agricole a,
de plus, l'avantage d'opposer une barrière puissante à
deux des maux principaux de notre civilisation.
D'abord elle empêche l'affaiblissement physique qu'entraînent presque tous les autres états : on ne peut

cultiver et améliorer son bien sans faire un usage conti-
nuel de ses forces corporelles ; ensuite elle arrête les
pensées de désunion , les rêves de dissolution sociale ,
les hésitations, le mécontentement de ce qui existe et la
soif des innovations; comme dit Zacharia : « le cultivateur est ami de l'ordre. »

M. de Fellenberg a encore attiré l'attention sur un
autre point négligé jusqu'ici, sur la nécessité de
traiter rationnellement non seulement la culture, mais
encore le cultivateur. Il a fait voir qu'on ne peut, dans
une agriculture perfectionnée, se passer de la bonne
volonté et de la sagacité des agents que l'on emploie
pour exécuter ses idées, comment il est impossible de
se tirer avantageusement d'affaire avec des aides
incapables , quelle sagesse et quelle connaissance des
hommes il faut pour conduire les ouvriers auxquels,
en général, toute innovation répugne, et combien, dès
lors, il importe de s'occuper à les former et à les élever si on veut atteindre le but qu'on se propose. Il a
montré à quel point l'intérêt matériel du maître est
intimement lié à l'intérêt immatériel. Aussi , dans son
agriculture, et ce n'en est pas le moins beau côté ,

l'occupation même la plus vile est saisie dans ses rapports avec les buts les plus élevés. Tout travail est honoré, aucun n'est considéré comme bas et sans valeur; partout et toujours, mais surtout dans les classes inférieures, on tend à développer chez l'homme le sentiment de sa véritable supériorité. « Il faut que mes élèves apprennent à travailler avec dignité dans l'ordure, » dit quelque part M. de Fellenberg. Dans les autres systèmes d'agriculture, au contraire, même dans les plus célèbres, le *matériel* est toujours le but; l'espérance et le prix de tous les efforts, c'est l'amélioration du bétail; quant à celle des hommes, il n'en est pas question. C'est là le reproche que l'on peut adresser à l'école anglaise et même à celle de Thaër. Pitoyable point de vue qui rabaisse l'homme au lieu de l'élever, l'accable et l'opprime plutôt que de l'affranchir, soumet son âme à son corps, au lieu de mettre celui-ci à la disposition et au service de son cœur et de son intelligence !

Le principe fondamental de M. de Fellenberg, c'est que la pratique rationnelle de l'agriculture est surtout propre à donner aux classes inférieures du goût et de l'attachement pour l'état où les a placées la Providence.

Il faut, à cet effet, qu'une instruction convenable les amène de bonne heure à voir et à juger les phénomènes naturels qui se présentent à leur attention. Il faut qu'elles soient exercées à les reconnaître, de telle sorte qu'à la fin rien de ce qui se passe dans les limites de leur faculté d'observation ne puisse y échapper. Les moyens maintenant bien connus pour arriver à ce but et les travaux qui en résultent auront encore cet avantage accessoire, il est vrai, mais non moins important, que le paysan sera complétement absorbé par son métier, qu'il y trouvera de la satisfaction et qu'il n'ira pas s'occuper d'affaires en dehors de son horizon. On ne peut assez le répéter, cette idée de donner au peuple du plaisir et du goût pour son état est le germe précieux d'un immense progrès.

Depuis long temps, M. de Fellenberg a prouvé jusqu'à l'évidence le vide et le danger des vues énoncées par la plupart des agriculteurs soi-disant rationnels qui proclament que l'intelligence et le travail ne sont que des moyens d'acquérir. Il a démontré que le travail agricole, même dans ses plus minces applications, est le meilleur mobile de l'intelligence et des

sentiments moraux et religieux. Il considère du même
point de vue l'emploi des machines qui, selon lui, doivent principalement tourner au profit de la partie im-
matérielle de l'homme. Ajoutons encore que dans la
pratique de l'agriculture comme dans l'exercice des
autres métiers, pour l'apprentissage desquels il n'a
formé qu'assez tard une école particulière, M. de Fellenberg a toujours tendu, non pas à développer uniquement une capacité technique, mais à cultiver toutes
les facultés industrielles de manière à parvenir à cette
aptitude complète qu'il est encore si rare de rencon-
trer.

Occupons-nous maintenant de l'établissement d'é-
ducation et d'instruction pour les enfants des classes
élevées. L'instituteur d'Hofwyl fut conduit à le fonder
en considérant l'immense influence que les classes favo-
risées par le rang et par la fortune peuvent avoir sur
le peuple, tant par l'emploi immédiat de leurs moyens
pécuniaires que par leurs exemples, et en observant
qu'avec l'éducation qu'ils reçoivent, les riches sont en-
traînés à abuser de leurs avantages héréditaires d'une
manière aussi nuisible à leur intérêt personnel bien en-

tendu qu'à celui de la société. C'est donc en quelque sorte un pieux devoir envers les grands services de nos ancêtres que d'arrêter leurs descendants sur une aussi mauvaise route. On ne peut contester que la faveur accordée par la Providence aux classes riches ne leur impose l'obligation d'exercer et d'utiliser leurs ressources pour mener une vie digne en tout de l'humanité, et pour contribuer de toute leur puissance, non seulement à rendre à leurs frères moins favorisés l'existence supportable et agréable, mais encore à les élever aussi à *une vie plus humaine*. Si les classes supérieures ne remplissent pas cette destination, elles se rendent indignes des faveurs qu'elles ont reçues et elles méritent de les perdre. En effet, on ne peut admettre, avec nos idées de providence et de justice divine, qu'une classe d'hommes soit créée pour jouir de tout, et cela sans profit aucun pour la société et même pour son malheur ; tandis qu'une autre classe, condamnée à un travail physique oppressif, voit détruire toutes ses facultés, et ne peut parvenir à son développement complet. L'histoire nous apprend que, de tout temps, il y a eu abus de pouvoir et de fortune de la part des classes élevées et que leur influence sur la moralité des classes inférieures a été désastreuse. Il suffit de rappeler la révolution française, qui, avec ses violences, a eu en réalité pour motif la démoralisation effroyable qui, partie de la cour et de la haute noblesse, n'avait pas tardé à menacer et à corrompre les autres classes de la nation. Mais cet immense événement a eu encore pour suite d'ébranler le respect jusqu'alors général pour l'état de choses existant, d'avertir les possesseurs de biens de ne pas trop compter sur l'influence morale que leur donnerait leur possession, d'engager les riches à acquérir des avantages intellectuels, et à regagner ainsi l'avance que la classe intermédiaire avait prise sur eux. Sous ce rapport, il importait donc et il était de toute équité de donner aux classes supérieures, par une éducation naturelle, non exclusive, aussi haute que possible, le moyen de participer au travail social d'une manière convenable à leur position, conforme à leur intérêt et à leur devoir. Il fallait pour cela agir sur leur esprit et sur leurs sentiments, les enthousiasmer pour cette haute vocation, les remplir d'amour et d'ardeur pour le travail et la vie active, et, jusqu'à l'époque où leur volonté se serait fortifiée et affermie, les éloigner d'un entourage dont les séductions sont dangereuses. Or, l'éducation dirigée par des gouverneurs et des maîtres particuliers ou par les établissements publics d'instruction qui existent dans les grandes villes ne pouvait laisser espérer ce résultat. En effet, les précepteurs n'entendent d'ordinaire rien à l'éducation et n'ont que rarement l'autorité morale nécessaire pour exercer une influence suffisante sur leurs élèves qui, en thèse générale, n'apprennent que fort peu de chose. D'un autre côté, les institutions publiques se bornent à l'instruction ; elles n'ont aucun égard à l'éducation. N'ayant d'ailleurs presque toujours pour but que de préparer au service de l'état, elles négligent les intérêts d'un ordre plus élevé, et enfin elles vivifient, au lieu de l'éteindre ou de le réprimer, l'esprit d'antagonisme ou de rivalité. Déjà l'on a démontré à satiété tous les vices de ces établissements, qui sont surchargés d'études de langues et où les sciences naturelles sont négligées, qui cultivent le raisonnement aux dépens du cœur, du caractère et de la santé, et qui laissent de plus en plus de prise à ce sentiment fort peu noble et à cette ambition de mauvais goût de n'apprendre que tout juste ce qu'il faut pour faire médiocrement son métier, et s'acquitter tant mal que bien du service de valet de l'état.

Si la première condition de réussite dans la solution de ce problème d'éducation est d'écarter des élèves tout entourage dangereux et de les façonner à l'esprit d'ordre, d'application, de bienséance, de moralité et de religion par les exemples vivants de ces vertus ; si la seconde condition est que les élèves, à l'époque où ils s'instruisent, voient déjà autour d'eux les principaux éléments de la vie sociale, surtout les rapports des classes ouvrières entre elles et à l'égard des autres parties de la société ; si enfin leur esprit doit être excité dès l'enfance à s'intéresser vivement au sort de leurs semblables moins favorisés, Hofwyl est évidemment le lieu ou s'étudient et où se résolvent le mieux ces difficultés. Il n'y a qu'une voix pour reconnaître que rien ne s'y rencontre qui puisse scandaliser l'enfant innocent, et que jusqu'au dernier ouvrier, tous concourent à réaliser l'idée morale d'une société bien organisée. On conçoit encore quelle puissance la réussite de créations grandioses doit avoir pour exciter l'activité de la jeunesse et pour entretenir en elle une noble émulation ; on conçoit combien un séjour prolongé dans un pareil milieu doit servir la morale. Sous tous ces rapports, on a dit avec justesse qu'Hofwyl réunit tous les avantages des établissements des grandes villes sans avoir aucun de leurs inconvénients.

Nous ne développerons point ici les principes pédagogiques qui sont suivis depuis trente ans avec succès dans cet établissement d'éducation et d'instruction supérieure. Il suffit d'indiquer que l'on y suit en général l'esprit de la méthode de Pestalozzi sans en observer la lettre, que l'on s'y tient soigneusement au courant de toutes les améliorations apportées, en Allemagne surtout, à l'enseignement des langues, des mathématiques, de l'histoire et des sciences naturelles, et qu'on les y introduit aussitôt que l'expérience en a démontré la valeur. On a, à la vérité, reproché à l'enseignement des langues anciennes d'y manquer de profondeur, mais c'est un reproche que repoussent suffisamment et les noms des savants professeurs allemands qui en ont été chargés, et ceux des élèves qui, restés dans l'institution jusqu'au moment où ils devaient se rendre à l'université, se sont promptement fait un nom dans les lettres, ou ont avancé rapidement dans les affaires publiques. Ce qui, peut-être, a motivé ce reproche, c'est qu'on n'exige pas, comme dans les colléges ordinaires, que tous les élèves apprennent, bon gré mal gré, les langues anciennes ; c'est qu'on ne les enseigne qu'à ceux qui se destinent aux lettres, au service supérieur de l'état, ou qui ont, soit un goût prononcé, soit des dispositions particulières pour la philologie. Au reste, la vérité de cette règle est de plus en plus reconnue, et Wolf lui-même, le célèbre philologue, s'est prononcé pour son adoption. On a dit encore, mais tout récemment seulement, que la méthode d'éducation suivie à Hofwyl favorise le matérialisme. On ne conçoit vraiment pas comment une pareille accusation a pu être portée contre un établissement où l'on cherche sans relâche à nourrir et à fortifier chez les élèves le sentiment religieux, et où le développement moral du caractère est toujours considéré comme le but final de l'éducation.

En général, dans tous les établissements d'Hofwyl, l'instruction est comme un moyen, comme une partie de l'éducation. En la donnant, on a toujours égard à l'individualité des élèves, on s'attache à bien discerner leurs qualités, leurs dispositions, leur capacité ; à ordonner le genre et la mesure de leurs occupations d'a-

près la somme de leurs connaissances et de leurs facultes. Hofwyl n'a donc pas, comme les colléges, un système
de classes arrêté ; on y forme les divisions d'après les
aptitudes de ceux qui doivent les composer ; quelquefois
elles ne renferment qu'un seul élève. Dans ce système
il faut un nombre de professeurs infiniment plus grand
que dans le système ordinaire : aussi ne peut-il être appliqué que dans un établissement dont le fondateur est
affranchi par sa position personnelle de la nécessité d'y
trouver un bénéfice pécuniaire.

Si l'on réfléchit que les possesseurs de la richesse solide et ceux qui composent la noblesse d'une nation,
ceux, en un mot, dont M. de Fellenberg voulait particulièrement soigner l'éducation, sont destinés à devenir les grands propriétaires fonciers, on apercevra facilement par quels liens étroits l'établissement d'éducation
et d'instruction supérieure se rattachait à l'école d'agriculture et comment il dut se former entre l'un et l'autre
des relations réciproques. Il était convenable et naturel
qu'on cherchât à donner de l'ardeur et du goût pour la
cause de l'agriculture rationnelle et pour l'amélioration
qu'elle entraîne dans le peuple, à ceux qui par leur

position doivent être à même de la servir utilement. L'intérêt général qui s'est attaché à cette tentative témoigne hautement de ses succès, comme aussi le nombre considérable des élèves d'Hofwyl, parmi lesquels on a compté seize fils de princes, sans parler des enfants de familles distinguées reçus d'Allemagne, d'Angleterre, de France, de Russie, de Pologne, d'Italie, d'Espagne, des deux Amériques et même de l'Australie. A ces témoignages honorables il faut joindre encore les jugements portés par tant d'hommes éminents qui ont connu à fond l'établissement. Il nous serait facile de les citer, et certes personne ne les récuserait.

Après nous être occupés des riches, tournons nos regards vers l'école des pauvres, souvent appelée école de Wehrli. M. de Fellenberg fut amené à la fonder en considérant que l'appauvrissement de plus en plus grand, loin d'inspirer au pauvre plus de réserve et de l'engager à redoubler d'efforts, ne fait au contraire qu'augmenter ses désirs, le pousser dans le désordre, l'amollir et le rendre inactif ; que les actes ordinaires de la bienfaisance publique ou particulière, au lieu d'éteindre la pauvreté, ne tendent qu'à la perpétuer et que la société court le danger de voir toutes les ressources dont la mise en valeur est confiée aux propriétaires, absorbées complétement par la misère toujours croissante de ceux qui ne possèdent pas. Il n'y avait qu'un remède radical contre ce mal. Il fallait séparer de son entourage gangrené la génération nouvelle qui, par sa position misérable et le pernicieux effet d'un pareil milieu, court risque de devenir plus mauvaise et plus incorrigible. Il fallait la recevoir dans des écoles de travail disposées de telle sorte que, d'une part, elles fussent de véritables établissements d'éducation, que d'autre part, sous le rapport économique, le travail des élèves couvrît les frais de leur entretien et, en grande partie du moins, les avances nécessaires à cette fondation. M. de Fellenberg partit de ce principe si juste et si recommandable qu'on ne peut réellement assister l'homme qu'au moyen de lui-même, et de cette hypothèse également bien fondée, que l'homme le plus dénué de fortune possède encore un capital personnel de production suffisant pour améliorer sa position, à condition que la faculté d'observation, l'esprit d'ordre, d'économie, d'exactitude et d'application persévérante seront convenablement suscités et cultivés

en lui ; que l'on fera épanouir son cœur et son caractère par des traitements bons et affectueux, qu'on lui
donnera des besoins tout à la fois plus simples et plus
relevés et qu'on le soutiendra dans ses privations par le
développement du sentiment religieux. De là dérive
pour l'établissement des pauvres d'Hofwyl un caractère particulier qui le distingue de toutes les écoles
ordinaires : c'est que le travail agricole est regardé
comme la tâche qui réclame la plus grande part du
temps et des forces des élèves, tandis que l'instruction
n'est considérée que comme le repos du travail auquel
ils doivent se livrer d'après l'arrêt divin : « Tu man-
geras ton pain à la sueur de ton front. » Il faut bien se
garder de croire cependant, comme souvent on l'a
fait, qu'on néglige de cultiver l'intelligence des enfants
et de leur donner les notions nécessaires pour mener une vie digne de l'homme et du chrétien. Au
contraire, comme nous l'avons déjà indiqué, la pratique rationnelle de l'agriculture excite sous toutes ses
faces l'observation et l'attention ; elle déploie la véritable intelligence, qui réside bien plus dans la force d'esprit et dans un jugement sain que dans la multiplicité
des connaissances, et en même temps elle exerce une

action des plus salutaires sur le cœur et le caractère, par l'esprit d'ordre, d'économie et d'application.

On s'attache à nourrir chez les élèves le sentiment d'une probité absolue et la conscience du devoir. Ce qui y contribue le plus, ce sont les entretiens du soir et du matin, commencés et terminés par la prière et ayant pour objet la tâche de la journée et la manière dont elle a été accomplie. Cette influence bienfaisante est puissamment secondée par la pratique suivie de l'art du chant dans lequel M. de Fellenberg, ainsi que Goëthe, voit un des meilleurs moyens d'éducation et auquel il consacre beaucoup de soin. A la vérité, l'on n'accorde à l'instruction proprement dite que deux ou trois heures par jour; mais l'expérience de l'école d'Hofwyl et de celles qui ont été fondées à son imitation témoigne que c'est assez ; d'ailleurs il est évident que des enfants qui ont travaillé de leurs mains, en plein air presque toute la journée, apporteront beaucoup plus d'attention et de plaisir à leurs études et y feront des progrès plus rapides que s'ils étaient restés longuement enfermés. Il est clair aussi que les enfants pauvres seront ainsi habitués, dès le début, à gagner d'a-

bord en partie, puis en totalité, les frais de leur existence et de leur éducation, et qu'ils acquerront par là
le sentiment de l'indépendance, de la dignité humaine, celui du véritable honneur sans lequel il n'y a
point de moralité.

M. de Fellenberg n'alla pas chercher, pour former
son établissement, des enfants pauvres dont les familles
fussent considérées comme honnêtes. Il prit, au contraire, des enfants abandonnés, vagabonds, mendiants,
parfois même ramassés par la police. Ce fut la suite
d'un sage calcul, analogue à celui qui l'avait porté à
acheter le domaine abandonné d'Hofwyl et à ne point
désespérer de cette terre détériorée. Ce n'était que
changer de milieu et porter ses vues de perfectionnement dans une sphère plus haute. Plus le sujet de
l'expérience était déchu de sa dignité humaine, et plus
il importait de la lui restituer. Et en effet, si l'on
réussissait avec de pareils éléments, il était prouvé
qu'une telle éducation pouvait changer et améliorer
les hommes nés et grandis au milieu des circonstances
les plus défavorables, et une des questions vitales les
plus graves de notre civilisation se trouvait résolue.

4.

Quant aux autres établissements d'Hofwyl, la formation de cette école avait aussi, par rapport à eux, une grande importance, en ce qu'elle donnait le moyen d'élever et de former le personnel des gens de service de manière à procurer des ouvriers habiles pour l'agriculture rationnelle, des auxiliaires purs et en parfaite harmonie d'efforts : on obtenait ainsi de bons résultats économiques et cette unité qui devait faire et assurer la prospérité de tout l'ensemble des fondations de M. de Fellenberg. Réciproquement, l'école d'agriculture déjà formée devait avoir une heureuse influence sur celle des pauvres. La vue des enfants appartenant aux familles les plus nobles et les plus riches s'adonnant à l'agriculture, augmenterait chez les pauvres le sentiment de la valeur morale de cette occupation, du respect qu'elle mérite, et détruirait dans sa racine le préjugé qui met l'ouvrier d'état au-dessus du cultivateur.

Comme c'était une maison d'éducation pour les pauvres bien plus qu'une maison de travail que M. de Fellenberg voulait fonder, il s'agissait de trouver un maître qui non seulement donnât de l'instruction et apprît à travailler aux enfants, mais qui surtout leur tint lieu de père et de mère, ne les perdît jamais de vue et fût pour eux un exemple vivant. Plusieurs jeunes maîtres d'école entreprirent cette tâche, mais ils ne purent venir à bout de ces enfants grossiers. Enfin, M. de Fellenberg, après quatre essais infructueux, découvrit, en 1809, un instituteur venu de Thurgovie pour assister à un cours normal et que l'idée de cette école transporta de telle sorte qu'il offrit son fils pour la réaliser. Celui-ci, Jean-Jacques Wehrli, né en 1790, après s'être formé pendant plusieurs mois à Hofwyl sous la direction de M. de Fellenberg, commença, dans l'été de 1810, l'exécution de cette tâche. Pendant vingt-quatre années consécutives il a servi aux élèves non seulement de maître et d'inspecteur, mais il les a élevés, il a été leur père, et il a déployé une énergie, une persévérance, un talent d'enseignement et d'éducation tels qu'il a recueilli de toutes parts les témoignages les plus complets et les plus unanimes de l'estime qui s'est attachée à son mérite.

Dès 1813, une commission présidée par M. Rengger, ancien ministre, déclara que l'établissement dépassait

toutes les espérances et qu'il était désormais prouvé
que, sous une bonne direction, il était possible d'élever,
à peu de frais, des enfants négligés et abandonnés, à la
condition de braves gens et de bons citoyens, là où
une agriculture perfectionnée leur fournirait une occupation convenable. La fondation comptait alors
vingt-trois élèves âgés de sept à treize ans, et sa situation économique était si bonne que chaque élève, dé-
duction faite du bénéfice de son travail, ne coûtait an-
nuellement que 83 livres de Suisse (125 francs environ). Mais on pouvait prévoir dès lors que les frais
diminueraient à mesure que les élèves grandiraient,
ainsi que cela s'est fait à la colonie de Maykirch, et que
leur travail finirait par couvrir les frais et même le déficit des années antérieures. Par la suite, l'école des
pauvres a compté jusqu'à cent vingt élèves, et même
des paysans riches ont cherché à y faire admettre
leurs enfants, car l'expérience avait prouvé que l'éducation qui y est donnée est la meilleure pour former
de bons agriculteurs.

Plusieurs écoles ont été élevées d'après le modèle de
celle d'Hofwyl : en Suisse, à Carra près de Genève; à

Échicamp près de Rolle ; aux environs de Trogen ; à la Linth, à Teufen près de Bâle ; à peu de distance de Sumiswald ; en Allemagne à Friedrichsfeld près Berlin ; à Pirna, à Düsseldorf. Il en existe en Hollande, en Angleterre, et partout on a reconnu que l'éducation du pauvre n'est pas un idéal inexécutable ou dont la réalisation à Hofwyl tienne à des circonstances particulières à cette localité. Au reste, pour démontrer cette dernière vérité, M. de Fellenberg a fondé, en 1823, à Maykirch, village éloigné de deux lieues d'Hofwyl, une colonie d'enfants pauvres, qui, de même que la colonie de la Linth, a produit rapidement des résultats dont la beauté n'a pas tardé à être généralement appréciée.

En ce qui concerne l'école des pauvres, il nous reste encore à relever un fait important sous le rapport moral comme sous le rapport économique, et dont M. de Fellenberg a eu le mérite de démontrer l'évidence tant par ses écrits que par une expérience personnelle qui leur prête une grande autorité. Incontestablement il importe, pour leur éducation et pour l'amélioration de leurs mœurs, que les enfants pauvres soient éloignés le plus tòt possible du milieu dangereux où ils vivent. Mais il faut que les établissements qui leur sont destinés soient des maisons de travail en état de se soutenir par elles-mêmes : or, le gain des enfants étant d'autant plus faible qu'ils sont plus jeunes, on se trouve naturellement en déficit pendant la première période de l'éducation. Eh bien! l'expérience faite par M. de Fellenberg a prouvé que ce déficit est couvert si les élèves restent à l'école jusqu'à leur vingt et unième année. Elle a prouvé, de plus, que dans certaines circonstances favorables le capital avancé pour la création des établissements peut même se trouver très productivement placé. Il est inutile de chercher à démontrer combien il y a d'avantage moral à continuer aussi longtemps l'éducation, tout le monde est d'accord sur ce point; mais ne serait-il pas bon d'imposer à ceux qui seraient élevés dans ces institutions l'obligation d'y rester jusqu'à ce qu'ils eussent gagné une somme égale aux frais qu'ils auraient occasionnés, au lieu de s'en remettre simplement à leur reconnaissance?

M. de Fellenberg, après avoir ainsi pourvu aux be-

soins des deux extrêmes de la société put étendre l'exécution de son plan et songer à la création d'une école
combinée pour les classes inférieures de la bourgeoisie,
pour les chefs-ouvriers. Il la fonda en 1830 et l'appela
école intermédiaire. Ici, par la nature même des
choses, il a eu plus particulièrement pour but de pourvoir aux besoins spéciaux de son pays qui est trop im-
périeusement forcé de recourir à des ouvriers étran-
gers. Aussi son école est-elle presque exclusivement
fréquentée par de jeunes Suisses, bien qu'elle compte
environ cent élèves. Comme dans les deux autres l'enseignement et l'éducation se combinent et se complè-
tent mutuellement. L'enseignement embrasse la religion, les langues allemande, française, au besoin l'an-
glais et l'italien, l'arithmétique et la géométrie, les
sciences naturelles, la géographie et la connaissance
approfondie de la Suisse, l'histoire suisse et l'histoire
universelle, le dessin, l'écriture, le chant et des travaux
manuels destinés, soit à développer l'adresse en général,
soit à préparer plus particulièrement l'élève à la carrière spéciale qu'il doit embrasser. Comme de raison,
l'on y recherche et l'on y suit les meilleures méthodes,
et l'école profite avantageusement du voisinage des

deux autres établissements. Les cours de l'institution supérieure y sont ouverts gratuitement à ceux des élèves qui montrent des dispositions remarquables , et l'on tend sans relâche à y donner cette véritable éducation industrielle dont nous avons démontré plus haut l'importance.

Pendant douze ans il a existé à Hofwyl une école dirigée par madame de Fellenberg , dans laquelle les filles des plus pauvres familles du voisinage recevaient l'instruction et devaient apprendre à tenir une maison. Mais le but qu'on s'était proposé ne put être atteint dans l'établissement même, parce que ces jeunes filles, au sortir de la dernière indigence , se trouvant au milieu de vastes ressources, croyaient n'avoir plus rien à ménager. L'instruction fut alors donnée dans les villages voisins , et enfin cessa complétement lorsque l'état eut formé des écoles pour les personnes de cette condition sociale. Cet établissement avait dû entrer dans le système de M. de Fellenberg ; il avait voulu former des épouses pour ses élèves pauvres , de futures mères des pauvres qui pussent rendre à d'autres enfants les bienfaits qu'elles avaient reçus elles-mêmes. Si cette grande idée n'a pu être réalisée à Hofwyl, elle ne mérite pas moins d'être signalée et fortement recommandée, car on peut espérer de la voir réussir ailleurs.

Le cours normal que M. de Fellenberg fonda pour les instituteurs des campagnes, s'ouvrit de manière à donner les plus belles espérances. Convaincu des graves défauts que présentent les établissements destinés à les former, il réunit, en 1808, quarante-deux jeunes gens des cantons de Berne, de Fribourg et de Soleure, se destinant tous à cette honorable profession, les reçut gratuitement pendant deux mois, et leur fit un cours normal destiné à les familiariser avec les meilleures méthodes d'éducation. Cet essai eut le plus éclatant succès; cependant le gouvernement bernois, bien qu'il l'eût approuvé, interdit l'année suivante aux maîtres d'école de son canton de se rendre à Hofwyl. Ce ne fut qu'après la chute de ce gouvernement, en 1830, que le cours put être repris et continué pendant six ans; mais, chose singulière, le nouveau gouvernement bernois, en dépit des principes et de la lettre de sa constitution, fit encore tout ce qu'il put pour entraver les efforts généreux d'un simple particulier qui ne redoutait au-

cun sacrifice pécuniaire pour servir la grande cause de
l'éducation du peuple.

Nous avons déjà dit que le gouvernement bernois
n'a pas apprécié l'importance des établissements d'Hofwyl, et que le bien qu'ils ont fait et qu'ils auraient pu
faire a été méconnu. C'est surtout dans les dernières
années, lorsque leur possesseur a offert de les céder à
l'état, que le mauvais vouloir et la méfiance de celui-ci
se sont manifestés. D'une part, il est tout simple que
ce digne instituteur, à son âge, souhaite ardemment
d'assurer la conservation et la continuation de l'œuvre
à laquelle il a dévoué sa vie ; il est tout simple encore
qu'il ait choisi ce moyen, dont il existe déjà un exemple
heureux : la transmission à l'état des grands établissements d'Hermann Franke à Halle. D'un autre côté,
on ne peut méconnaître le bien, soit moral, soit matériel, qui pourrait résulter de la continuation des établissements d'Hofwyl, et de l'application sur une plus
grande échelle encore, du système qui préside à leur
direction. Pour nous en convaincre, récapitulons les
résultats que M. de Fellenberg, simple particulier, a
obtenus avec ses seules ressources. En 1799, Hofwyl

consistait en un château et quatre bâtiments d'exploitation ; il comptait quinze habitants. Actuellement sa superficie est doublée, son produit net est quadruplé, il renferme dix-sept bâtiments qui suffiraient pour loger six cents personnes ; le nombre de ses habitants est de trois cent cinquante à quatre cents, juste le millième de la population du canton de Berne. Depuis quarante ans, une foule d'ouvriers du pays y ont gagné leur vie, et près d'un demi-million de livres de Suisse (750,000 fr.) y a été mis en circulation. Pendant ce laps de temps, 783 élèves sont entrés à l'école supérieure et à celle d'agriculture, 451 à l'école des pauvres, 210 à l'institut intermédiaire, et M. de Fellenberg a traité à ses frais pour le cours normal 247 maîtres d'école.

Nonobstant ces brillants succès, qui suffisent pour justifier ce qui a été dit : qu'il aurait déjà rendu un immense service à l'humanité, quand il n'aurait fait que montrer tout le bien que peut faire un seul homme, M. de Fellenberg avait eu de bonne heure la conviction que les forces d'un simple particulier, sans autre pouvoir que celui qu'il tire de ses ressources privées, ne suffisent pas pour résoudre complétement ce problème :

donner l'impulsion (befordern) à la véritable civilisation. Peu après ses débuts, il avait essayé, par son testament, d'assurer l'existence de ses instituts ; mais sous l'ancien gouvernement aristocratique, il était tout simple, d'après ce que nous avons dit, qu'il ne pût songer à les élever au rang d'établissements publics. On pouvait se flatter de cet espoir après la régénération politique du canton, lorsque la nouvelle constitution eut formellement reconnu l'importance de l'éducation populaire. On aurait donc peine à croire que M. de Fellenberg ait échoué et qu'il se soit vu imputer les intentions les plus absurdes et les plus indignes de son caractère, si l'on ne savait à quel degré d'aveuglement peuvent mener les mauvaises passions. Il offrait de *donner* au pays les édifices construits à Hofwyl pour les établissements d'éducation, à condition qu'en les réunissant à ceux qu'il avait élevés à Zollikofen, à la Rüti et à l'institution que l'état entrenait à Buchsee, on formerait un système bien coordonné d'écoles primaires, secondaires et normales, jointes à une ferme expérimentale, à une ferme-modèle, à l'école agricole des pauvres, à l'école intermédiaire, et enfin à l'école supérieure de préparation aux études universitaires. Quatre à six

cents enfants choisis dans tout le canton devaient être
élevés dans ces établissements. Une expérience d'un
an, sous la direction d'une commission, devait mettre à
même de juger de la bonté et de l'efficacité du système.
Si elle réussissait, M. de Fellenberg devait faire gratuitement à l'état l'abandon des édifices dont nous venons de
parler, sacrifice qui, d'après l'estimation des assurances
contre l'incendie, s'élevait à 256,600 fr. [1]; puis il offrait
dix mille livres suisses (15,000 fr.), pour concourir à
la réalisation de son idée aussitôt que ses offres eussent
été définitivement acceptées, et que l'exécution en eût
été commencée. Nous ne pouvons discuter ici comment
il se fait que toutes ces propositions aient été rejetées.
Nous dirons seulement qu'en se plaçant au point de vue
politique européen, on doit regretter que la Suisse
n'accomplisse pas la mission que M. de Fellenberg,
il y a déjà trente ans et tout récemment encore, a reconnu avec tant de justesse lui appartenir. Il est, en
effet, profondément convaincu que le peuple suisse,
par la nature de son pays, par ses mœurs et son carac-

[1] 10,000 carolins. Le poids du carolin, qui est une monnaie d'or,
est de 9 g. 744; son titre légal 771; sa valeur, argent de France,
25 francs 66 centimes.

tère particuliers, par sa situation au centre de l'Europe et par la position pacifique que lui garantit sa neutralité, est destiné à introduire la véritable réforme dans l'éducation nationale, sous les rapports économiques, industriels, politiques, moraux et surtout religieux, et à la répandre sur toutes les parties de notre continent. Cette opinion n'a rien de chimérique, car l'histoire nous apprend quelle immense influence a exercée ce pays par les grands écrivains qu'il a produits dans tous les genres. Mais sous aucun rapport, il n'en a eu autant que pour ce qui est relatif à l'éducation. Rousseau et Pestalozzi ont ouvert la nouvelle route, et à leurs noms l'on s'habitue déjà à joindre celui de Fellenberg[1].

Signalons maintenant l'importance du système d'Hofwyl pour la solution de la question vitale de notre civilisation.

---

[1] Nous devrions consigner ici le nom du Père Girard, dont les immenses services pour l'enseignement élémentaire et l'éducation du peuple ont été, comme ceux de M. de Fellenberg, si complétement méconnus par son ingrate patrie. Il faudrait y ajouter surtout celui de madame Necker de Saussure, dont les vues s'accordent d'une manière remarquable avec celles de M. de Fellenberg.

La véritable civilisation étant nécessairement le produit de l'éducation, c'est dans les défauts de celle-ci
qu'il faut chercher la source des maux qui la menacent et l'atteignent. Les savants, les publicistes les plus
distingués et la plupart des gouvernements de notre
époque l'ont reconnu. Aussi voyons-nous se manifester les efforts les plus louables pour l'amélioration des
écoles. Mais ici, il s'agit moins d'un progrès dans l'é-
ducation de quelques individus, surtout dans les classes élevées, que de l'établissement d'une éducation
nationale, de l'enchaînement organique et de la combinaison des moyens d'éducation de toutes les classes
de la société, de telle sorte que chaque homme ait le
sentiment de sa force et l'emploi de son utilité, sans
éprouver la tentation de sortir violemment de la sphère
qui lui est assignée par la Providence. Le vice principal des
établissements existants, surtout de ceux qui sont destinés aux classes inférieures, c'est qu'en général il n'y
est question que d'instruction et nullement d'éducation.
Sous ce rapport, toutes les écoles d'Hofwyl peuvent au
contraire servir de modèle; mais c'est surtout l'école
des pauvres dont les résultats pédagogiques prouvent
avec la dernière évidence combien il est heureux pour

l'instruction elle-même d'être soutenue par l'éducation.
Celle-ci, chez M. de Fellenberg, puise son élément d'activité, sa force, dans le travail agricole. Quel avantage n'y aurait-il point à ce que les enfants de nos villageois, au lieu de rester assis toute la journée dans la classe pendant longues années, travaillant de leurs mains les deux tiers du jour, vinssent passer seulement le reste auprès du maître et fussent tenus, en revanche, de fréquenter l'école jusqu'à leur majorité! Il y a longtemps déjà qu'un de nos premiers pédagogues a recommandé d'organiser toutes les maisons d'orphelins sur le modèle de celle d'Hofwyl.

Cette école a encore rendu un immense service en résolvant la question d'argent et en écartant les obstacles économiques qui s'opposaient à la reproduction d'établissements semblables.

Le successeur de Pestalozzi a bien senti tout ce qu'il reste à faire pour les maîtres d'école : cette question et cette tâche sont d'une importance incalculable. C'est bien quelque chose que d'avoir institué des écoles normales, mais l'œuvre est loin d'être achevée. Il est peu convenable de faire de ces maîtres des savants, et surtout de les élever dans les villes : ce n'est qu'à la campagne, au milieu des champs, que leur éducation et leur instruction peuvent s'effectuer utilement, ainsi que l'a dit et pratiqué M. de Fellenberg.

Quant à l'éducation que reçoivent d'ordinaire tous les enfants et les jeunes gens dans les maisons qui leur sont ouvertes, nous n'avons plus besoin d'en signaler les défauts, car nous les avons déjà relevés en parlant de celle dont les élèves d'Hofwyl recueillent les bienfaits. Remarquons seulement combien est belle et féconde l'idée qui y est si habilement étudiée et appliquée, d'inspirer aux enfants des riches du goût pour la pratique rationnelle de l'agriculture, et de quel avantage il serait qu'elle pût être comprise et réalisée dans des limites plus étendues.

Il n'est pas moins intéressant d'examiner le système d'Hofwyl sous le point de vue économique. Nous ne tarderons pas à reconnaître qu'il a donné le moyen de tarir la source de la pauvreté et par conséquent de tous les vices et de tous les maux qui en résultent. En

5.

effet, la pratique rationnelle et perfectionnée de l'agriculture, soit en grand, soit en petit, telle qu'elle est
réalisée à Hofwyl et dans les établissements formés sur
ce modèle, donnerait le moyen de nourrir une masse
de population bien plus considérable que celle qui
existe jusqu'à présent en Europe. Il ne s'agit, pour
cela, que de rendre à l'agriculture, et à sa pratique, telle
que M. de Fellenberg l'a comprise et expérimentée, la
place qui lui appartient, la première entre les arts. Il
conviendrait, dans ce but, d'établir dans chaque divi-
sion territoriale une école d'agriculture qui ne fût pas
un calque de celle d'Hofwyl, mais qui tendît à satisfaire
les besoins du pays et à servir les intérêts généraux. Il
faudrait nécessairement y joindre des établissements
agricoles d'éducation pour les pauvres. Si l'on vient à
réfléchir à tout ce qui a été fait, dans ces derniers temps et
dans tous les pays, pour les écoles destinées à l'industrie,
on s'étonnera de la négligence apportée dans tout ce qui
concerne l'agriculture. A la vérité il sera bien difficile
de donner à celle-ci un élan comparable à celui qu'a
pris l'industrie ; mais on parviendrait à faire beaucoup
si les particuliers et les gouvernements venaient à se
convaincre de l'importance de ce premier des arts, et

si chacun, dans sa sphère, mettait vigoureusement la main à l'œuvre. Certainement de pareils efforts ne seraient pas en parfait accord avec les pensées matérielles et le principe utilitaire qui dominent actuellement; mais ce serait peut-être là ce qu'il y aurait de mieux, car ces pensées et ce principe entraînent à une démoralisation dont la conséquence immédiate est l'anéantissement de la civilisation. Pour nous en convaincre, rappelons-nous le danger qui menace la constitution actuelle de la société, non seulement de la part des prolétaires, mais encore de tous côtés, par l'affaiblissement des idées de moralité, de légalité, de religion, et par le relâchement de tous les liens sociaux. M. Guizot a clairement démontré, qu'à cet égard le mal le plus grave en France consiste dans l'affaiblissement du principe de l'autorité, de cette autorité morale généralement reconnue, devant laquelle l'esprit s'incline sans que le cœur s'avilisse, et qui agit d'en haut avec le pouvoir non de la violence mais de la nécessité. Sa thèse est vraie de même que celle-ci : que, sans cette autorité, il n'est possible de rien faire; que ni le raisonnement ni l'intérêt bien compris, ni la supériorité matérielle du nombre ne peuvent la remplacer; que là où elle manque, quelle que soit la force, l'obéissance est ou incertaine ou dégradante, et l'homme chancelle toujours entre la servilité et la rébellion. Ceci concédé, il faut en conclure qu'il est de la plus haute importance politique de chercher les moyens de rétablir autant que possible ce principe de force et de durée, et, si on les a trouvés, d'en recueillir au plus vite les bienfaits. Mais c'est ce qui ne saurait s'opérer par de simples prescriptions de l'église ou du gouvernement. On ne peut y parvenir que par cet agent puissant que l'histoire nous montre comme changeant les peuples et les états : par une éducation profondément religieuse, chrétienne, non limitée aux années d'école, mais se liant immédiatement à la carrière qui doit être embrassée, et achevant de s'y développer pendant toute la vie.

Comme il s'agit de rétablir l'état social, il faut des institutions qui agissent sur les masses. Comment y parvenir? M. de Fellenberg l'a montré; il a résolu le problème autant qu'un simple particulier pouvait le faire. Si l'on suit ses idées fondamentales, si l'on reconnaît que la pratique de l'agriculture pour les classes les plus élevées et les plus inférieures, une industrie

éclairée pour les classes moyennes, sont la base de
l'éducation; si, comme cela peut avoir lieu, surtout
dans les occupations agricoles, et comme il arrive en
toutes choses à Hofwyl, on travaille à donner aux enfants, dès l'âge le plus tendre, l'esprit d'ordre, d'application, d'économie, de contentement, de modéra-
tion, de goût pour leur vocation, de respect pour
l'état de choses existant, envisagé comme établi par la
Providence; si l'on s'attache à les imprégner du sentiment de dépendance où nous sommes par rapport à
cette providence, à leur inspirer une charité active,
des idées profondément religieuses et par conséquent
véritablement chrétiennes; bien certainement on écar-
tera de la plus grande et de la meilleure partie du
peuple les dangers de notre civilisation, et les gouvernements pourront espérer l'amélioration de l'état
politique, religieux et économique de leurs popula-
tions.

Après nous être ainsi rangé à l'opinion des hommes
savants et distingués qui ont vu dans les établissements
d'Hofwyl des institutions modèles, capables de combattre avec fruit les maux de notre civilisation, nous

devons mentionner encore une objection possible.
Quelques personnes croiraient aisément qu'Hofwyl ne
peut avoir une grande importance pour la solution du
problème, parce que ce n'est qu'un point minime et
qu'il ne doit sa célébrité qu'à un concours de circonstances qu'il est peu vraisemblable de voir jamais se
représenter. Pour ce dernier point, il est sûr qu'Hofwyl
a eu à se féliciter d'un pareil concours, mais il ne faut
pas perdre de vue qu'il a dû cet avantage non pas au
hasard, mais à l'esprit supérieur et à l'énergie de son
fondateur. Quant au peu d'importance matérielle
d'Hofwyl, nous dirons que toutes les fois qu'il est
question de choses qui concernent la morale ou l'intelligence, c'est à la vérité, à la force intérieure, à la
puissance d'action des idées qu'il faut avoir égard, et
non, l'histoire l'a prouvé, à la grandeur ou à la peti-
tesse du théâtre où elles se produisent. Ne pourrions-
nous pas rappeler ici le rôle immense d'Athènes au terri-
toire si exigu, de la Judée si méprisée? Ne trouve-
rions-nous pas des analogies dans l'histoire des con-
quêtes qui ont changé le sort de l'humanité, dans l'in-
vention de l'imprimerie, la découverte de la vaccine?
Pourquoi ne nous point autoriser de la parabole du

grain de chènevis de l'Évangile? Assurément les effets d'une application en grand du système d'Hofwyl ne peuvent se manifester que lentement et successivement; mais s'ils sont encore plus bornés que ne le désireraient les hommes vraiment philanthropes, ils ont déjà plus d'étendue et plus de portée qu'on ne le croirait au premier coup d'œil. Bien des élèves sortis d'Hofwyl en ont conservé l'esprit; plus d'un établissement déjà a été fondé sur ce modèle. Pourquoi les idées qui ont inspiré son fondateur, une fois répandues et appréciées, n'inspireraient - elles pas d'autres hommes? Pourquoi ne pas espérer que quelque gouvernement s'emparera d'un système qui tend à conserver toutes les institutions existantes, d'une éducation qui a le christianisme pour base, la moralité pour appui, l'ordre social pour but temporel? Pourquoi ne se trouverait-il pas un prince qui cherchât à introduire dans ses états un système d'établissements qui lui promettrait des administrateurs probes et énergiques, des sujets moraux et paisibles, obéissant aux lois, travaillant à augmenter l'aisance de leur pays et qui lui donnerait la possibilité d'éviter les dangers résultant des vices de notre civilisation? Enfin cette possibilité, si elle est indiquée, pourquoi ne la point saisir? Le levier et le point d'appui sont trouvés. Pour réussir il n'y a plus qu'à mettre la main à l'œuvre.

TABLE.

	pages.
Avant-propos.	1
But de l'ouvrage.	4
Etablissements d'Hofwyl.	6
Aperçu historique : Locke, Rousseau, Basedow, Campe, Salmann, Rochow, Pestalozzi, M. de Fellenberg.	8
Opinion de M. de Gérando.	15
Précis biographique sur M. de Fellenberg.	16
Sa doctrine.	21
Comment il envisage la science, l'instruction, l'éducation, l'individu, la famille, la société.	24
Liens qui doivent unir les différentes parties de la société.	28
Vues d'éducation et d'instruction pour toutes les parties de la société.	31
L'agriculture envisagée sous son point de vue le plus élevé et le plus rationnel.	52
Education et instruction des classes élevées. Etablissement d'éducation et d'instruction supérieures.	39
Ecole des pauvres, dite école de Wehrli.	47
Jean-Jacques Wehrli.	53

Opinion de M. Rengger, ancien ministre.   53

Propagation des idées et des écoles de M. de Fellenberg en
  d'autres pays.   55

Ecole intermédiaire.   57

Ecole de filles.   58

Ecole d'instituteurs.   59

Les forces et les ressources privées d'un simple particulier suf-
  fisent-elles à l'accomplissement de vues si étendues ?   60

Proposition de cession des établissements à l'Etat.   62

Résumé et coup d'œil général. La civilisation est le produit de
  l'éducation.   65

Pensées matérielles et principe utilitaire.   69

Opinion de M. Guizot.   ib.

Développement et influence nécessaire de toute idée juste et
  vraie.   71